A MON PÈRE, A MA MÈRE,

AMOUR, RESPECT, RECONNAISSANCE.

A MON FRÈRE,

AMITIÉ INALTÉRABLE.

1830

Faculté de Droit de Toulouse.

THÈSE

POUR LA LICENCE,

EN EXÉCUTION DE L'ART. 4, TIT. 2, DE LA LOI DU 23 VENTOSE AN 12.

SOUTENUE

Par M. Marc-Marie-Félix-Gustave CORDURIÉ,

Né a Salveredonde (Tarn).

JUS ROMANUM.

QUIBUS MODIS TESTAMENTA INFIRMANTUR.

Inst. Liv. 2. Tit. 17.

Dixerat Ulpianus : « Testamentum est mentis nostræ contestatio in id solemniter facta, ut post mortem nostram valeat. » Itaque naturale videtur in Justiniani institutionibus legere : « Testamentum ex eo ap-

1850

pellatur quod testatio mentis est. » In quo non observatæ sunt regulæ conditiones que in lege scriptæ, testamentum, à principio infirmatum apparet. Et quamvis in principio valeat, deinde infirmari potest : quando ruptum, quando irritum.

Ruptum dicitur testamentum quod revocatur, destruitur ab hæredis-sui agnatione, aut à posteriore testamento; irritum dicitur cùm à capitis diminutione inutile fit.

§ Ier. — *De rupto testamento*.

Duobus causis rumpitur testamentum : 1° Ab hæredis-sui agnatione nec instituti nec legaliter exhæredati; 2° novi testamenti confectione.

1° Testator qui suum agebat testamentum ut valeret, suos potuisset instituere vel exhæredare posthumos atque quasi-posthumos, sic que rupturam vitare illorum agnatione factam. In aliis autem causibus, cùm de posthumis, aut quasi posthumis non agitur, institutio vel exhæredatio nullo erant effecto, ruptum manebat testamentum; 2° testamentum quod jure perfectum est, semper anterius testamentum destruit. Ex Ulpiano discimus, testamentum posteriore, testamento destruendum quamvis non jure facto, cum in hoc scriptus hæres ab intestato succedere potest. Contraria decisio directe opposita testatoris voluntati foret. Theodosius sicut supremam voluntatem non sicut testamentum spectat.

Generale principium quod regula habitur; in regularitatis appreciatione posterioris testamenti est hoc quod, et institutionibus legimus : « Nec interest an extiterit aliquis hæres ex eo, an non extiterit : hoc enim solum spectatur an aliquo casu existere potuerit. »

Imperatorum constitutiones et cum illis Jutinianus prius testamentum à posteriore revocatum quamvis hæres non generaliter institutus fueris, judicant. Reddere tamen debet hæredibus in priore testamento institutis res quibus non institutus ipse, et quartam hæreditatis partem hæredi fiduciario à senatus consulto Pegasiano attributam retinere.

§ II. — De inutili testamento.

Capitis diminutione infirmantur adhuc testamenta. Minima sicut et aliæ capitis diminutiones idem producit effectum. Itaque adrogatus pater-familias suum videt infirmatum quod ante adrogationem fecerat testamentum.

Huic tamen principio exceptionem habemus : militis patris-familias aut emancipati filii, quamvis adrogati testamentum valet. Nam et ut dicunt institutiones : « Testamentum ejus quasi militis ex nova voluntate valet. »

Ecce effectum à militis testatoris minima capitis diminutione productum. Aliæ capitis diminutiones non semper testamentum infirmabant, Militi ex delicto militari damnato testari permissum erat. Quid autem si ante damnationem testamentum fecisset? Valet ne aut an infirmatur, a damnatione interventa? Novum faciendum ne testamentum? Adriani imperatoris rescriptum solutionem dat : Damnatus miles qui testari iterum posset propria voluntate potest primum firmare testamentum.

Brevi juris stricti principia dulciora fiunt civibus quidem non militibus; pretores in legis applicatione rationem afferunt et æquitatem. Itaque scriptus hæres in testamento præsentibus tantum quinque testibus à pretore bonorum possessionem secundum tabulas obtinebat, si autem testator cives romanus suique juris fuisset in teritus momento. Exemplum : Adoptatus testator qui moritur egressus adoptiva familia. Nullam in institutionibus adoptatum inter et adrogatum distinctionem videmus. Exigebatur tamen ab adrogato declaratio ad firmandum testamentum ; hæres non aliter potuisset bonorum secundum tabulas possessionem obtinere.

Revocatur satis testamentum ex eo quod à testatore destructum aut alteratum fuerit. Non autem sufficit testatoris voluntas, nam posterius testamentum jure non factum, prius infirmare non potest.

Theodosius quidem volebat testamenta post decem annos naturaliter infirmandum : hanc modificavit dispositionem Justinianus, non solum decem exegit annos, sed etiam voluntatis probationem in instrumento publica, vel tribus testibus præsentibus enunciatam voluit.

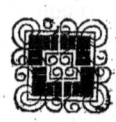

CODE CIVIL.

Titre XVIII. — Livre III.

Des Privilèges et Hypothèques.

Les capitaux sont l'âme des opérations commerciales, aussi conçoit-on facilement que les capitalistes qui exposent leur fortune pour augmenter l'essor du commerce et de l'industrie, exigent de leurs débiteurs une garantie capable de leur inspirer une certaine sécurité. Si nous vivions dans une société moins corrompue, la probité du débiteur serait pour beaucoup dans la sécurité dont doit jouir le prêteur; et même encore cette probité a un certain poids, malgré les vices dont nous sommes entachés. Quel est d'ailleurs l'homme qui ne faillit pas, alors même qu'il est animé des meilleures intentions, et qu'il apporte en ses affaires une extrême prudence? La loi a donc dû venir au secours des bailleurs de fonds. C'est ainsi que l'on a vu le crédit réel se placer à côté du crédit personnel et le plus souvent le remplacer avec avantage.

Tel sera le gage, si la garantie s'applique à un objet mobilier, et l'antichrèse, si le nantissement s'applique à un immeuble. Mais le débiteur éprouve un grand dérangement, lorsqu'il est obligé de livrer son bien dont il a peut-être besoin. Alors la tradition juridique a formulé ce principe, que, quand bien même le débiteur n'aurait pas fourni à son créancier un objet en nantissement, il peut, sans se déposséder, lui conserver un gage imparfait sur tous ses biens. L'art. 2092 porte : « Quiconque s'est obligé personnellement est tenu de remplir son engagement sur tous ses biens mobiliers et immobiliers, présents et à venir. » Un vice de rédaction s'est introduit dans cet article. En mettant « s'est obligé, » on croirait qu'il s'agit d'une obligation personnelle, tandis que l'on peut être obligé, dans toute la force du mot sans qu'il y ait de fait personnel ; il faut lire : « Est obligé. » Telle est la transition par laquelle l'on passe pour arriver au système hypothécaire. Mais cette garantie offerte par l'art. 2092 du Code civil, et qu'on est convenu d'appeler *gage imparfait*, n'est pas suffisante. En un mot, si le régime hypothécaire a été établi, c'est que, d'une part, le droit de gage simple était gênant pour le débiteur, et que d'autre part, le droit de gage imparfait n'offrait pas au créancier assez de garantie.

D'après le régime hypothécaire tel qu'il existe dans notre législation, certains biens sont affectés à la garantie de telle créance, sans que le débiteur perde la jouissance de ces biens. Ce qui n'empêche pas qu'il n'y ait d'autres créances, garanties seulement par la solvabilité du débiteur.

Dès-lors, il n'est pas difficile de remarquer qu'il y a deux espèces de créanciers : les créanciers qui n'ont d'autre droit que le droit de gage imparfait et auxquels on donne le nom de chirographaires, et les créanciers hypotécaires qui ont un droit de garantie réelle.

Le problème général, sur lequel s'appuie le régime hypothécaire, consiste à concilier les garanties dues au créancier, avec le crédit dû au débiteur et avec la nécessité d'une légitime circulation des biens. Une courte discussion suffit pour justifier chacun des termes de ce problème.

Sûretés dues aux créanciers. L'insuffisance du gage imparfait provenait de ce que 1° le débiteur pouvait aliéner un bien en fraude de ses créanciers, et 2° le premier créancier pouvait être privé de toute espèce de garantie. C'est à l'effet de remédier à ces inconvénients que les droits de suite et de préférence ont été introduits dans notre système hypothécaire. Le premier consiste en ce que l'hypothèque ou le privilège suit toujours l'objet affecté en quelques mains qu'il passe. Le second, non moins important, accorde au premier créancier la faveur d'être payé avant tous autres au moment de la vente du bien grevé.

Crédit dû au débiteur.

La loi, refusant au créancier le droit de s'emparer de la chose hypothéquée et ne lui conférant qu'un simple droit sur le prix de l'objet une fois vendu, conserve le crédit du débiteur. Elle porte, avec raison, une juste limite aux prérogatives attachées à la qualité de créancier. *La nécessité d'une libre circulation des biens.* Il s'agit de rendre l'affectation hypothécaires facilement connaissable. Si l'acquéreur d'un bien hypothéqué devait éprouver des désagréments, personne ne voudrait acheter ; car il serait exposé à payer deux fois le prix de l'objet. C'est ce qui a donné lieu à la publicité des privilèges et hypothèques.

Maintenant que nous savons les conditions à l'aide desquelles notre régime hypothécaire arrive à son but, remontons à l'origine des législations anciennes et suivons les progrès que l'on a faits en cette matière.

En Grèce, il était d'usage de placer, sur le champ hypothéqué, un poteau portant le nom du propriétaire et celui du créancier. C'était là la consécration des principes de spécialité et de publicité de la loi hypothécaire qui nous régit. Ce système eut, à ce qu'il paraît, quelque pratique à Rome, jusqu'au temps de l'empire. Trois traits principaux peuvent être signalés dans la législation hypothécaire des Romains : 1° On arriva à admettre que la sûreté hypothécaire pouvait résulter d'un simple pacte, et, l'hypothèque ainsi constituée, pouvait avoir pour objet tant des meubles que des immeubles ; 2° dans les premiers temps, elle s'étendait sur tous les biens présents et à venir, il fallait une convention spéciale pour établir ce droit en faveur du créancier. Mais plus tard ce droit rigoureux cédant sa place à un autre, l'hypothèque prit un caractère de clandestinité, dont l'effet fut de borner les garanties; 3° certaines créances hypothécaires, et entre autres celles de la femme et du fisc, étaient munies d'une préférence tacite et qu'on n'avait pas besoin d'exprimer.

En France, sous l'empire de l'ancien droit, il y avait des pays, tels que l'Alsace, la Picardie, la Flandre, connus sous le nom de pays de *saisine ou de nantissement*. On y avait admis un principe de publicité provenant ou bien des exigences féodales, ou bien des habitudes Germaniques. Le système romain était en vigueur dans les autres provinces de la France. On remarque cependant quelques différences; et d'abord, en France, les meubles n'étaient pas susceptibles d'hypothèques; en second lieu, les actes privés n'emportaient hypothèque qu'après avoir été reconnus en justice, ou en présence d'un notaire et du consentement des parties contractantes; enfin, contrairement à ce qui existait à Rome, les actes notariés donnaient naissance à l'hypothèque *de plano*.

Sully et Colbert voulurent, au moyen de mesures presque toujours énergiques et sages, établir le système de publicité. Leurs tentatives échouèrent contre les résistances des grands seigneurs qui avaient intérêt à cacher le fond de leurs affaires. Enfin, au mois de juin 1791 parut un décret qui est le point de départ de la réforme hypothécaire. Ce décret organise la conservation des hypothèques et donne à l'acquéreur d'un bien grevé, sinon une sûreté entière, du moins d'une certaine étendue. L'acquéreur devait attendre pour payer que la justice elle-même eût désigné ceux qui devaient recevoir le prix et l'ordre dans lequel ils doivent le recevoir.

Deux lois vinrent successivement réformer et compléter le régime hypothécaire, l'une est de messidor an 3 et l'autre de brumaire an 7. La première, quoiqu'elle n'ait jamais été mise en vigueur, mérite d'être signalée. Elle renfermait un système hypothécaire complet et établissait l'hypothèque *sur soi-même*. Celui qui voulait se procurer de l'argent, se présentait devant le conservateur des hypothèques et fixait avec lui, en la discutant, la valeur de ses immeubles. On lui donnait des *cédules* hypothécaires, jusqu'à concurrence des trois-quarts de cette valeur. Un particulier pouvait ainsi mobiliser les trois-quarts de sa fortune.

La seconde loi, celle de brumaire an 7, n'est pas seulement un document historique, mais de plus un document juridique, qui a servi puissamment à l'établissement du régime hypothécaire. Après cette loi vient le code civil. Deux systèmes, également forts par les arguments qu'ils fournissaient et par les hommes d'élite qui les défendaient, étaient en présence : l'ancien et le nouveau. Napoléon servit de médiateur et adopta les idées nouvelles, non sans leur avoir fait subir des exceptions.

DROIT DE PRÉFÉRENCE EN GÉNÉRAL.

ARTICLES 2093, 2095, 2106, 2114, 2134 C. C. et 834 Pr.

Un principe incontesté est celui-ci : « Qui s'oblige, oblige le sien. » Ce qui veut dire en d'autres termes que le patrimoine d'un débiteur, sert de garantie dans l'exécution de ses engagements. L'art. 2093 dispose : « Les biens du débiteur sont le gage commun de ses créanciers, et le prix s'en distribue entre eux par contribution, etc. » C'est encore là un principe très important. *Les biens du débiteur sont le gage commun de ses créanciers*, parce que ceux-ci viennent concurremment au partage du prix qui en provient, sans avoir égard à l'antériorité de date ou à la nature du titre. On désigne, en procédure, l'opération par laquelle ils se distribuent ce prix chacun au prorata de sa créance par les mots, *distribution par contribution*. Cependant le même article ajoute : « ....A moins qu'il n'y ait entre les créanciers des causes légitimes de préférence. » Au contraire, s'il y avait des causes de préférence pour un ou plusieurs créanciers, il faudrait se conformer aux règles posées, en procédure, au titre : *De l'Ordre*, afin de savoir dans quel ordre les créances doivent être soldées.

Aux termes de l'art. 2094, les causes légitimes de préférence sont les privilèges et hypothèques. Et d'abord une observation, c'est qu'on ne s'arrête au droit de préférence, que lorsque l'actif du débiteur est insuffisant pour payer les créanciers. Il faut donc, en cette matière, supposer toujours que le débiteur est en déconfiture.

Les créanciers privilégiés et hypothécaires, sont ceux auxquels la loi accorde la faveur d'être préférés à la masse des créanciers. Nous n'aurons une idée bien exacte de la position de ces créanciers qu'en définissant le privilège et l'hypothèque. L'art. 2095 dispose : « Le privilège est un droit que la qualité de la créance donne à un créancier d'être préféré aux autres créanciers, même hypothécaires. » La qualité de créancier privilégié ne ressort pas de la convention, mais de la qualité de la créance; et la créance ne procure cette qualité que lorsque la loi prononce.

D'un autre côté, l'article 2114 porte dans sa première partie :«L'hypothèque est un droit réel sur les immeubles affectés à l'acquittement d'une obligation. » Par conséquent, le créancier hypothécaire a une affectation spéciale sur les biens de son débiteur.

Ce n'était pas tout pour le législateur d'établir un droit de préférence, il devait aussi donner les moyens de le conserver. Je veux parler de l'inscription.

En matière hypothécaire, on a admis ce principe de droit romain : *Prior tempore, potior jure*. Il est vrai qu'en droit romain, la seule convention des parties suffisait pour conférer hypothèque, et que sous l'empire de notre Code, ce n'est plus la convention des parties qui donne naissance à l'hypothèque, mais le fait de l'inscription. L'utilité de l'inscription est immense. C'est par elle, en effet, que ceux qui contractent postérieurement avec le débiteur, connaissent ce qu'ils ont le plus d'intérêt à connaître, la position de fortune de ce débiteur. On lit dans l'art. 2134 les règles concernant l'inscription quant aux hypothèques. En règle générale, l'inscription est exigée pour les hypothèques, sauf les exceptions établies en faveur du mineur, de l'interdit et de la femme mariée. L'article précité commence par ces mots : *Entre les créanciers, etc....* ; la loi n'ajoute pas hypothécaires. D'où l'on conclut que l'inscription est nécessaire, alors même qu'il n'y aurait qu'une seule créance hypothécaire, et afin qu'elle pût primer sur les créances chirographaires. L'inscription est requise que l'hypothèque soit légale, conventionnelle et judiciaire.

Lorsque la loi prescrit l'inscription de l'hypothèque légale, elle ne veut parler que de celle de l'Etat, des Communes et des Etablissements publics, sur les biens des receveurs et administrateurs comptables.

Au reste, il n'y pas seulement que les hypothèques légales de la femme, du mineur et de l'interdit qui soient dispensées d'inscription ; on peut y joindre l'hypothèque qui grève les biens des co-héritiers débiteurs d'un legs, et les privilèges spéciaux dégénérés en hypothèques.

Les exceptions d'inscription pour l'hypothèque légale n'étaient pas consignées dans la loi de *brumaire*; aussi la discussion fut-elle vive au conseil d'Etat, lorsqu'il fut question de les introduire dans le Code. Une des raisons majeures qui les fit admettre, c'est que la tutelle et le mariage sont des faits, jusqu'à un certain point, publics; et que les tiers sont assez instruits, sans qu'il soit besoin d'inscription.

L'article 834 du Code de Procédure, accorde aux créanciers d'un propriétaire antérieur, un délai de quinzaine à partir de la transcription du titre, pour s'inscrire utilement et primer les créanciers d'un propriétaire postérieur, quoi qu'ils eussent déjà pris inscription.

En matière de privilèges, on distingue entre les privilèges sur les meubles et les privilèges sur les immeubles. La libre et facile transmission des objets mobiliers, fait, qu'il ne peut pas être question d'inscription et par suite, de droit de préférence. Restent les privilèges u r les immeubles; les uns dits généraux, s'étendent sur la généralit des immeubles : les autres dits spéciaux, s'étendent sur un immeuble déterminé. L'inscription sera nécessaire pour conserver à ceux-ci leur droit de préférence ; car les tiers ont un grand intérêt à connaître les réparations faites aux immeubles qui sont leur garantie. Mais pour ceux-là, c'est bien différent ; peu importe leur inscription. Elle ne produirait aucun effet ; puisque les créances qu'ils garantissent sont d'une faible importance, et qu'il n'est pas permis aux tiers de douter de leur existence. Ils forment une exception à la règle posée par l'art. 2106 : « Entre les créanciers, les privilèges ne produisent d'effet à l'égard des immeubles, qu'autant qu'ils sont rendus publics par inscription sur les registres du Conservateur des hypothèques, etc....... »

Il faut observer que la loi ne dit pas *qu'ils n'ont de rang*, mais *qu'ils ne produisent d'effet*. Les privilèges n'ont donc d'effet qu'à compter de *la date de leur inscription*. Ces mots ont pu faire croire que c'était une application de la maxime romaine : *prior tempore, potior jure*; maxime incompatible avec la théorie des créances privilégiées, telle qu'elle existe dans notre code. Plusieurs systèmes différents se sont formés pour trancher cette difficulté. Je me contenterai d'en citer deux. Le premier, pratiqué par la Cour d'appel de Paris, voudrait qu'on laissât de côté ces mots, comme s'ils n'étaient pas dans la loi. Ce système a l'avantage d'être simple ; mais il ne résout pas la question. D'après M. Valette, cela veut dire que la date de l'inscription et l'effet du privilège sont deux faits concomitants. Cette opinion paraît devoir l'emporter sur l'autre.

Du rang des créanciers privilégiés et créanciers hypothécaires entre eux.
Art. 2095, 2096, 2097, 2101, 2102, 2104, 2105, 2106, 2134, 2135 *C. c. et* 834 *pr.*

La teneur de l'art. 2095, a le mérite, tout en définissant le privilège, d'enseigner dans quel ordre les créanciers viennent recevoir le prix de leur créance. Les créanciers privilégiés occupent le premier rang; les créanciers hypothécaires, le second, et ceux qui ne réunissent ni l'une ni l'autre de ces qualités, le troisième.

Du rang des créanciers privilégiés entre eux.

Le privilège peut porter indistinctement sur un meuble ou sur un immeuble.

SECTION PREMIÈRE.

Privilèges sur les meubles.

Les privilèges sur les meubles sont ou généraux ou spéciaux.

§ 1er. — *Privilèges généraux.*

Celui qui jouit d'un privilège général sur les meubles peut demander le paiement de sa créance quel que soit le meuble aliéné. L'art. 2101 énumère les créances privilégiées sur la généralité des meubles et trace l'ordre dans lequel elles s'exercent.

1° *Frais de justice.* — Les frais de justice dont veut parler la loi, sont ceux qui ont été exposés dans l'intérêt de tous les créanciers.

2° *Frais funéraires.* — Il est bien entendu que ce sont les frais funéraires du débiteur; c'est un motif en même temps d'humanité et d'ordre public qui a dicté cette mesure. Ils se bornent aux frais de sépulture, sans autres.

3° *Frais quelconques de la dernière maladie, concurremment entre ceux à qui ils sont dus.* — Ce sont les frais nécessaires pour payer le médecin, le pharmacien et le garde-malade, pour des soins donnés ou remèdes fournis pendant la maladie qui a conduit le débiteur au tombeau. Si la maladie était chronique, il ne faudrait considérer que les frais exposés à l'égard des mêmes personnes pendant la dernière période de la maladie.

4° *Salaire des gens de service, pour l'année échue et ce qui est dû sur l'année courante.* — Les gens de service, sont toutes les personnes attachées au service soit de la personne, soit de la position occupée par le défunt au moment de sa mort. Ce n'est que pour l'année échue, et ce qui est dû de l'année courante, d'où l'on conclut que la disposition ne peut s'appliquer qu'à ceux qui sont payés à l'année et non ceux qui sont payés à la tâche ou à la façon.

5° *Fournitures de subsistances faites au débiteur et à sa famille, à savoir, pendant les six derniers mois, par les marchands en détail, tels que boulanger, boucher et autres, et pendant la dernière année, pour les maîtres de pension et marchands en gros.* — On a pensé avec raison que les créances qui avaient pour cause la subsistance du débiteur et de sa famille étaient sacrées. Le privilège accordé aux maîtres de pension, n'est relatif qu'à la créance basée sur les frais de nourriture des enfants et non sur les frais d'éducation.

§ 2°. — *Privilèges spéciaux.*

Celui qui jouit d'un privilège spécial ne peut réclamer le paiement de sa créance que sur le prix d'un meuble déterminé.

Les privilèges, sur certains meubles, sont au nombre de sept. On les divise en trois catégories ou groupes, suivant le motif qui a servi de base à la créance.

1° Dans le premier groupe, sont rangés les créanciers auxquels la loi accorde un privilège en faveur de la possession. Ce sera d'abord le privilège du créancier gagiste sur le gage dont il est saisi. Exemple : Un débiteur constitue un gage entre les mains de son créancier, pour sûreté de la créance. Un ou plusieurs autres créanciers du même débiteur, font saisir l'objet entre les mains du créancier gagiste et le font vendre, celui-ci sera payé le premier avec le montant du prix de la vente.

Au second rang, se place le privilège accordé au bailleur à ferme ou à loyer. La loi a jugé convenable de favoriser le contrat de bail, parce qu'il a pour résultat de faire produire aux immeubles autant que possible et de contribuer ainsi à la prospérité du sol.

Le Code ne distingue pas entre le bailleur ou propriétaire rural et urbain; et par conséquent le privilège appartient autant à l'un qu'à l'autre. De plus, nul doute que le locataire qui a sous-loué, puisse jouir du même privilège à l'encontre du sous-locataire, tout aussi bien que le propriétaire envers lui. — Le propriétaire a le droit d'exercer son privilège pour les loyers et fermages de ses immeubles, pour les réparations locatives, c'est-à-dire, pour les dommages causés du fait du locataire et, enfin, pour l'inexécution du bail. Un bail est passé pour six ans; à moitié terme, le locataire tombe en déconfiture. Le bailleur peut exercer son privilège *pour tout ce qui est échu et pour tout ce qui est à échoir, si les baux sont authentiques, ou, si étant sous signature privée, ils ont une date certaine.* Il existe des obligations réciproques, et si le locataire a le droit de rester, pendant six ans, en possession de l'objet, lui ou ses créanciers, le propriétaire a le droit de réclamer le prix du bail pour chacune des six années. Le privilège du bailleur serait moins étendu, s'il était exercé en vertu d'un acte sous signature privée et n'ayant pas date certaine; il n'aurait de force que *pour une année, à partir de l'expiration de l'année courante.* Ce privilège grève *les fruits de la récolte de l'année, le prix de tout ce qui garnit la maison louée ou la ferme et tout ce qui sert à l'exploitation de la ferme.* Toutes les fois que les meubles apportés dans la maison ou dans la ferme par le locataire ne lui appartiennent pas, si le propriétaire le sait, il ne pourra exercer son privilège sur eux.

2° Dans le deuxième groupe, on place les créanciers auxquels la loi accorde un privilège motivé sur la faveur due à la propriété. Le vendeur, non payé, a un privilège, pour le prix, sur l'objet vendu. Peu importe que la vente ait été faite avec terme ou sans terme, puisqu'il s'évanouit avec la solvabilité du débiteur. Le vendeur a plus que le privilège, il peut demander la résolution de la vente.

3º Dans le troisième groupe, se trouvent les privilèges accordés aux créanciers qui ont contribué à la conservation de la chose.

SECTION DEUXIÈME.

Privilèges sur les immeubles.

Les privilèges sur les immeubles sont généraux ou spéciaux. Les privilèges généraux sur les immeubles sont les mêmes que sur les meubles. Les créanciers désignés dans l'art. 2101 auront un privilège général sur les immeubles. Mais ce ne sera que lorsque les créances n'auront pu s'exercer sur le mobilier qu'elles seront privilégiées sur la totalité des immeubles.

L'art. 2103 énumére les privilèges spéciaux sur les immeubles :

1º Le privilège spécial sur un immeuble appartient au vendeur de cet immeuble pour le paiement du prix. L'acte de vente sert aux créanciers, en ce sens, qu'en établissant la solvabilité du débiteur, il étend leurs garanties. Le privilège existe en même temps pour le capital et les intérêts.

2º Les bailleurs de fonds ont un privilège spécial sur les immeubles achetés avec l'argent qu'ils ont prêté. Une condition nécessaire pour l'existence du privilège, c'est que l'acte d'emprunt constate que la somme est destinée à l'achat de l'immeuble et que la quittance du vendeur établisse que le paiement a été fait avec les deniers empruntés.

3º Les co-héritiers ont une créance privilégiée spéciale sur les immeubles de la succession, pour la garantie des partages faits entre eux et des soultes ou retour des lots. Lorsque, par suite d'un partage héréditaire, l'un des co-héritiers a reçu un immeuble qui vaut plus que celui donné à chacun des autres héritiers, il doit une soulte. La créance, née de cette soulte, est privilégiée. Toutes concessions hypothécaires faites sur cet immeuble, ne pourraient porter le moindre préjudice aux autres héritiers.

4° Un privilège spécial grève les immeubles en faveur des architectes, entrepreneurs, maçons et autres ouvriers employés à faire des réparations. Les travaux dont ils sont les auteurs, augmentent la valeur de l'objet et par conséquent la garantie des créanciers. On ne doit pas étendre le sens de l'article au cas où les travaux seraient purement agricoles. Le privilège ne doit peser que sur la plus-value de l'immeuble. La loi exige que ces ouvriers remplissent certaines formalités; ils devront ainsi faire vérifier leurs travaux par un expert, après qu'ils les auront finis, et faire constater l'état de l'immeuble avant de commencer les réparations. Il est rare que dans la pratique on se conforme à ces prescriptions, ce qui rend ce privilège illusoire; aussi tend-il à disparaître de notre législation.

5° Un cinquième et dernier privilège spécial est établi sur les immeubles en faveur de *ceux qui ont prêté les deniers pour payer ou rembourser les ouvriers, pourvu que cet emploi soit authentiquement constaté par l'acte d'emprunt et par la quittance des ouvriers.*

Les privilèges généraux sur les meubles occupent le premier rang, car, à défaut de meubles, ils s'exercent sur la généralité des immeubles. Quant aux privilèges spéciaux sur les meubles, il n'y a pas de rang à fixer entre eux; puisqu'ils s'exercent sur des objets déterminés et différents. Il ne reste à fixer que le rang des cinq privilèges spéciaux sur les immeubles qui viennent d'être énoncés. Et d'abord les bailleurs de fonds, venant au lieu et place du vendeur et des ouvriers, il n'y a pas de concours possible entre eux et les autres privilégiés. Il ne s'agit que de fixer le rang que doivent occuper les privilégiés des ouvriers, des vendeurs et des co-partageants. Le privilège des ouvriers, ne reposant que sur la plus-value, doit avoir le pas sur les deux autres ; cette préférence ne porte aucun préjudice au vendeur et co-partageant; ils sont toujours sûrs de retirer le prix de la chose, déduction faite de la plus value. Quant aux deux derniers, l'antériorité du titre règle la priorité.

Il faut observer en terminant que les créanciers privilégiés, qui sont dans le même rang, sont payés par concurrence.

Du rang des créanciers hypothécaires.

La question du rang des hypothèques entre elles est beaucoup moins compliquée.

Les hypothèques sont légales, conventionnelles ou judiciaires. Elles prennent rang à la date de l'inscription, hors les cas d'exception pour hypothèque légale de la femme, des mineurs et des interdits. En principe, l'hypothèque légale pèse sur la généralité des biens, à moins de conventions contraires entre les époux majeurs. L'hypothèque judiciaire est aussi générale.

Concours des hypothèques générales et spéciales.

L'hypothèque qui grève un immeuble est indivisible, à moins de conventions contraires, sous deux rapports différents : 1° par rapport aux immeubles qu'elle frappe, en ce sens, que chaque partie de l'immeuble est grevée pour sûreté de la créance et que l'immeuble l'est pour le tout. Comme on disait à Rome : *Est tota in toto, est tota inqualibet parte.* 2° Sous une autre rapport, c'est que, tant que l'hypothèque existe, elle grève tout le bien ou toutes ses parties.

Pour établir le concours des hypothèques générales et spéciales, qui est appelé avec raison le nœud gordien du régime hypothécaire, il suffit de faire une application saine du principe d'indivisibilité.

Il faut avoir soin de tempérer sa rigueur, à l'égard des créanciers spéciaux, alors surtout qu'elle est sans utilité pour les créanciers généraux.

Soit deux domaines A et B valant chacun 100, et grevés des charges hypothécaires suivantes : *primus* a une hypothèque générale de 100 en date du 1er mai ; *secundus*, a sur l'immeuble A, une hypothèque spéciale de 75 en date du 15 mai; enfin *tertius*, a sur l'immeuble B une hypothèque spéciale de 75, en date du 30 mai. Il y a un passif de 50 au-delà de la valeur active des deux domaines. En suivant rigoureusement les termes de la loi, *primus* le premier en date serait le plus favorisé, et par suite de l'indivisibilité et de la généralité de son hypothèque, il pourrait réclamer le prix résultant de la vente d'un domaine quel qu'il soit. Les droits de *secundus* et de *tertius*, dépendront alors de la volonté et même du caprice de *primus* ; car l'exercice de l'hypothèque générale détruira l'hypothèque spéciale. On a essayé de remédier à ces inconvénients en recourant à l'équité. Il fallait sans blesser les droits de *primus*, réaliser l'attente légitime de *secundus* et de *tertius*.

Distinguons deux cas : ou bien il ne s'agit que de la distribution du prix d'un immeuble ou bien de la distribution du prix d'un immeuble ou bien de la distribution du prix des deux immeubles.

Premier cas. — Primus est libre de diviser son hypothèque ; s'il ne veut pas, il ne peut y être contraint par le créancier qui a l'hypothèque spéciale sur l'immeuble dont le prix va être distribué. Alors primus étant colloqué pour 100, secundus n'aura rien pour son hypothèque spéciale, et tertius verra la sienne sortir en effet. L'inverse aurait lieu si c'était l'autre domaine qui dût être distribué. Des auteurs ont pensé qu'il fallait accorder une subrogation légale au créancier qui a une hypothèque spéciale sur l'immeuble dont le prix est distribué; que dès lors, lorsque l'immeuble A est distribué, secundus étant subrogé aux droits de primus, sera censé créancier des 100 de primus, et pourra se faire rembourser sur le prix de l'immeuble B, à concurrence de 75.

Cette combinaison très ingénieuse d'ailleurs, est repoussée par l'ensemble de la jurisprudence et de la doctrine.

Ce que secùndus aurait de mieux à faire, ce serait de payer lui-même les 100 de primus pour être subrogé à ses droits.

Deuxième cas. — Lorsque les deux immeubles sont expropriés ou vendus, il faut distinguer : 1° s'ils ne sont pas situés dans le même arrondissement, deux ordres sont ouverts, un pour chaque domaine, et les choses se passent comme dans le cas précédent ; 2° si les immeuble sont situés dans le même arrondissement, on demande la jonction des ordres au cas où il y en aurait deux d'ouverts. On n'admet point la collocation de primus, sur l'immeuble A ou sur l'immeuble B à son choix ; car peu importe la manière dont il sera payé, pourvu qu'il le soit.

L'hypothèque générale est répartie sur le prix des deux immeubles, de manière à ce que chaque créancier ne soit pas trompé dans ses espérances.

Il n'y a qu'un cas où une pareille distribution ne peut pas se réaliser, c'est lorsque primus a une hypothèque générale sur les deux immeubles et une hypothèque spéciale sur l'un d'eux. Son intérêt est alors de faire porter l'hypothèque générale sur l'immeuble qui n'est pas grevé de son hypothèque spéciale.

CODE DE COMMERCE.

Des commissionnaires de transport. — Du voiturier.

Les commissionnaires de transport jouent un rôle assez important dans le commerce : ils doivent en effet faire parvenir la marchandise à sa destination. Ces commissionnaires ont une origine peu noble. Dans le principe, on les considérait beaucoup moins que le voiturier ; c'étaient ordinairement des domestiques d'auberge qui procuraient à l'avance des chargements aux voituriers. Mais plus tard, le commerce ayant pris des proportions considérables, le commissionnaire pour les transports, vit augmenter son importance en même temps que l'étendue de ses pouvoirs. On exigea de lui par conséquent une plus forte somme de garantie; le commerçant expéditeur voulut avec raison être sûr de la probité des personnes auxquelles il confiait ses marchandises, c'est ce qui a donné lieu à l'établissement des maisons de commissionnaires de roulage. Il y a aussi des commissionnaires d'entrepôt, qui ne sont établis le plus souvent que dans les villes d'entrepôt, les ports de mer par exemple, et en général là où le mode de transport change. Ils ne peuvent du reste s'établir avec avantage que dans ces villes. Les commissionnaires de transport cumulent parfois et sont en même temps commissionnaires d'entrepôt. Cependant ces qualités ne doivent pas être confondues, car le commissionnaire de transport doit, comme je l'ai déjà dit, faire parvenir la marchandise à sa destination, et le commissionnaire d'entrepôt est tenu seulement de recevoir la marchandise et de veiller à sa conservation jusqu'au moment du départ ; à cet effet, le Code civil lui accorde un privilège pour les frais de voiture et les dépenses accessoires sur la chose voiturée.

L'art. 100 du Code de Commerce dispose : « La marchandise sortie du magasin du vendeur ou de l'expéditeur, voyage, s'il n'y a convention contraire, aux risques et périls de celui à qui elle appartient, sauf son recours contre le commissionnaire et le voiturier chargé du transport. » Le commissionnaire, pour les transports, doit être assimilé à l'expéditeur, car sa position est la même à l'égard du voiturier, que celle de l'expéditeur à son égard. D'après les termes de la loi on croirait que le vendeur a un recours contre le voiturier. Mais cela ne peut pas être puisqu'il a contracté avec le commissionnaire seul et qu'il ignore ou est censé ignorer le nom du voiturier. Le sens de l'article précité est que l'expéditeur répond de la marchandise sauf son recours contre le commissionnaire en cas de perte par sa faute, ou par celle du voiturier qui, s'il laisse perdre la marchandise, en répond à l'égard du commissionnaire avec lequel il a contracté. Le législateur a voulu que le commissionnaire mît tous ses soins à choisir un voiturier solvable et qui offrît une garantie suffisante de probité et de moralité.

On peut suivre deux modes différents pour le transport des marchandises : 1° S'adresser au commissionnaire qui sert d'intermédiaire entre l'expéditeur et le voiturier ; 2° directement au voiturier.

1° Ce mode offre bien certainement au vendeur toute la garantie qu'il peut désirer. Le commissionnaire de transport se chargeant de faire transporter la marchandise par un voiturier, le contrat se forme par le seul consentement des parties. Cependant dans la pratique, on s'en raapporte assez généralement aux termes de l'art. 96 du Code de commerce qui enjoint aux commissionnaires d'inscrire sur leurs livres la marchandise reçue. Ce qui amène naturellement à dire que le consentement des parties n'est pas suffisant pour prouver l'existence du contrat passé entre elles, et qu'il faut y joindre l'inscription des marchandises transportées sur les livres du commissionnaire.

2° Le second mode diffère du premier en ce que l'expéditeur s'adresse directement au voiturier. On voit sans peine qu'il offre beaucoup moins de garantie que le précédent. La preuve du contrat passé entre l'expéditeur et le voiturier sera établie par la lettre de voiture. Ce qui n'empêche pas du reste que dans certains cas exceptionnels, elle ne serve à prouver l'existence du contrat passé entre le commissionnaire et le voiturier, par exemple lorsque les livres de celui-là n'existeront pas.

L'art. 101 du Code de Commerce dispose : « La lettre de voiture forme un contrat entre l'expéditeur et le voiturier, ou entre l'expéditeur, le commissionnaire et le voiturier. » Cet article qui, s'il était bien rédigé, servirait puissamment à l'intelligence de cette matière, y porte l'obscurité et le vague. Et d'abord, il dit que *la lettre de voiture forme un contrat* : expression entièrement fausse. On ne conçoit pas en effet que la lettre de voiture puisse former un contrat; elle peut tout au plus établir la preuve d'un contrat préexistant. Que le législateur ait voulu dire cela, c'est à peu près évident. En poursuivant la lecture de cet article : *entre l'expéditeur et le voiturier, ou entre l'expéditeur, le commissionnaire et le voiturier*, c'est une confusion de mots qui cache une confusion d'idées. On hésite avec raison pour donner une explication nette de cette disposition législative. Cependant il semble que ces mots : *entre l'expéditeur et le voiturier*, résument la suite de l'article et qu'au surplus, le législateur était dominé par l'idée d'examiner le contrat plutôt dans ses conséquences que dans sa preuve. Un exemple est d'un grand secours en cette circonstance. Un commissionnaire contracte l'obligation de faire transporter une marchandise d'une place sur une autre, dans un nombre de jours fixé, et s'engage à payer à l'expéditeur une indemnité de cinq francs par jour de retard. Ce commissionnaire charge un voiturier d'effectuer le transport de la marchandise dans le même délai et stipule à son profit une indemnité de dix francs par jour de retard. En ce cas on a décidé que le voiturier devait payer au commettant intéressé, l'indemnité qui lui était due du chef du commissionnaire. L'expéditeur peut donc retirer quelques avantages d'un contrat auquel il est resté personnellement étranger; et c'est en ce sens que la loi dit qu'il y a contrat passé entre l'expéditeur et le voiturier.

De la Lettre de voiture.

La lettre de voiture est remise par l'expéditeur au voiturier, simple avis est donné au destinataire. L'art. 102 du Code de commerce porte ce que doit renfermer la lettre de voiture. Elle ne donne au destinataire que le droit de possession. Il arrive quelquefois qu'on insère dans la lettre de voiture une stipulation relative à une indemnité pour cause de retard; on s'est demandé si les juges, dans le cas d'une pareille stipulation, pouvaient augmenter cette indemnité. Certains auteurs, argumentant rigoureusement du droit romain, ont répondu négativement. Je crois qu'avant de répondre il faut avoir égard aux circonstances de fait. Ainsi, s'il s'agissait du transport trop longtemps prolongé d'articles de nouveauté, le juge pourrait, ce semble, augmenter le prix de l'indemnité stipulée. Toujours est-il que cette décision n'est applicable que dans des circonstances graves. A vrai dire, elle est opposée à la loi des contrats; et ce n'est qu'une exception qui, si elle se reproduisait trop souvent, finirait par devenir une violation. On pense même généralement que le juge pourrait encore déclarer que la marchandise restera pour le compte du commissionnaire.

En droit maritime, il n'y a pas de lettre de voiture, mais il y a le connaissement ou état des marchandises chargées sur un vaisseau. Le connaissement et la lettre de voiture ont des points de contact. Une différence saillante, c'est que le connaissement, pour faciliter sa transmission de main en main est fait à ordre, et que cela n'existe pas pour la lettre de voiture.

Les commissionnaires de transport répondent de l'avarie et de la perte de la marchandise. On s'est demandé à ce sujet jusqu'à concurrence de quelle somme le commissionnaire répond de l'avarie et de la perte. Au point de vue théorique, il doit en répondre jusqu'à concurrence du prix entier des marchandises expédiées. La raison qu porte à le penser, c'est que, dans un contrat, un commissionnaire ne peut pas stipuler qu'il n'accepte pas la responsabilité de la marchandise.

La rigueur de ces principes est du reste considérablement relâchée dans la pratique. Les jurisconsultes romains faisaient retomber la responsabilité tout entière sur le commissionnaire, parce qu'il n'était pas libre d'inscrire dans un contrat une clause en opposition directe avec ses devoirs.

Le voiturier est placé dans la même position que le commissionnaire; il répond comme lui de l'avarie ou de la perte. La loi déclare que les actions intentées contre eux à cet effet sont prescrites par six mois à partir du jour où l'expéditeur a pu connaître la perte ou l'avarie.

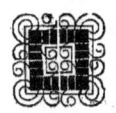

CODE ADMINISTRATIF.

DE L'APPEL.

Formes de l'appel. — Quelles décisions peuvent être attaquées par cette voie? — Délais de l'appel. — Exécution des décisions attaquées.

L'article 6 de la loi organique du conseil d'Etat, des 15 et 27 janvier et 3 mars 1849, dispose : « Le conseil d'Etat statue en dernier ressort sur le contentieux administratif. » La loi nouvelle érige donc, comme le faisait l'ancienne, le conseil d'Etat en tribunal d'appel administratif. C'est pourquoi, toute personne frappée par une décision administrative, émanant d'un tribunal de premier degré, pourra interjeter appel, ou mieux, se pourvoir devant le conseil d'Etat. Celui qui veut se pourvoir, que ce soit un particulier ou un représentant d'un département, d'une commune, d'un établissement public, qu'il agisse contre de simples particuliers ou contre des départements, des communes, des établissements publics, doit présenter une requête signée par un avocat au conseil et la déposer au secrétariat. Cette formalité est exigée par l'art. 1er d'un règlement du 22 juillet 1806 Cet article ajoute : «Elle contiendra (la requête) l'exposé sommaire des faits et moyens, les conclusions, les noms et demeures des parties, l'énonciation des pièces dont on entend se servir et qui y seront jointes. » Une fois les requêtes déposées au secrétariat du conseil, on les inscrit sur un registre, suivant leur ordre de date. La présentation de la requête est suivie d'une ordonnance dite ordonnance de soit communiqué, qui ne préjuge rien sur fond. Cette ordonnance est signifiée aux parties intéressées averties par là qu'elles ont à répondre et à fournir leurs défenses. Il y aurait déchéance, si on avait laissé écouler un délai de trois mois sans faire la signification. Ces formalités remplies, l'instance est irrévocablement introduite.

Le mode de se pourvoir devant le conseil d'Etat n'est plus le même lorsqu'il s'agit de l'administration demandant ou défendant. Les ministres, par exemple, introduisent leurs instances par une lettre au garde-des-sceaux.

Qualités des parties. — Qui peut attaquer une décision administrative? En première ligne, il faut placer celui contre lequel elle a été rendue. Les créanciers peuvent quelquefois interjeter appel des décisions rendues contre leurs débiteurs. S'il s'agit d'une commune ou d'une section de commune, ce sera le maire ou le président de la commission syndicale; pour un département, le préfet; pour un établissement public, le maire ou le directeur de cet établissement. Deux ou plusieurs personnes dont l'intérêt serait identique, et que le juge de premier degré aurait compris dans la même décision, peuvent se pourvoir collectivement.

Toute décision rendue contracdictoirement, soit définitive, soit simplement contradictoire alors qu'elle préjuge sur le fond, peut être attaquée par la voie de l'appel.

Quant aux décisions par défaut, tout appel est interdit, tant que durent les délais de l'opposition. La partie qui, frappée par défaut, par une décision administrative, aurait vu repousser son opposition, doit se pourvoir contre le refus de l'opposition. Du reste, il est bien entendu qu'il faut toujours attaquer la décision principale et non pas l'arrêté qui viendrait postérieurement régler son exécution. C'est pourquoi l'appel dirigé contre un arrêté du préfet, conforme à une ordonnance ou décision ministérielle, ou qui ordonne l'exécution d'un arrêté du conseil de préfecture n'est pas recevable.

L'appel d'une décision administrative doit être interjeté dans les trois mois à partir de la notification, sous peine de déchéance. Alors même que depuis l'introduction du pourvoi l'intimé aurait fait concession sur certains chefs, le pourvoi pourrait être rejeté nonobstant cette concession.

Lorsqu'il s'agit des simples particuliers et des personnes morales, la déchéance ne doit pas être prononcée d'office par le conseil d'Etat; l'intimé devra en réclamer l'application. On décide généralement le contraire à l'égard des pourvois dirigés contre l'Etat. Quoi qu'il en soit, une distinction pourrait être établie : si le pourvoi est dirigé contre le ministre représentant le domaine de l'Etat, la déchéance ne sera pas prononcée d'office par le conseil d'Etat ; il en sera autrement si le ministre procède dans l'intérêt de l'administration générale; et encore dans ce dernier cas est-ce une faculté dont ce conseil d'Etat peut ne pas user. Il semble qu'il devrait y avoir une prorogation de délai pour se pourvoir devant le conseil d'Etat dans les circonstances où l'appelant n'aurait pas interjeté appel pour cause de force majeure. Quelques auteurs ont pensé que le conseil d'Etat ne pourrait proroger les délais qu'autant qu'une loi ou une ordonnance réglementaire lui aurait conféré ce pouvoir.

L'appel des décisions administratives a-t-il un effet suspensif ? On lit dans l'art. 3 du règlement du 22 juillet 1806 : « Le recours au conseil d'Etat n'aura point d'effet suspensif, s'il n'en est autrement ordonné.

Lorsque l'avis de la commission établie par notre décret du 11 juin dernier, sera d'accorder un sursis, il en sera fait rapport au conseil d'Etat, qui prononcera. » Et le conseil d'Etat a déclaré exécutoires, nonobstant appel, les décisions ministérielles en matière contentieuse et des conseils de préfecture. Par analogie, on peut étendre l'application de ces dispositions aux décisions des autres tribunaux administratifs

Le caractère d'urgence dont sont revêtus les jugements d'un tribunal administratif, a été le motif qui a déterminé à établir cette règle générale : L'appel n'est point suspensif. Et la preuve, c'est que la procédure civile enseigne le contraire, d'où il suit naturellement que si les décisions administratives ont été dépouillées de ce caractère d'urgence par telle ou telle circonstance, le principe doit céder. Aussi le conseil d'Etat pourra alors accorder un sursis à l'exécution. La disposition déjà citée est formelle. Une commission formée au sein du conseil d'Etat examine la demande en sursis, et c'est le conseil d'Etat tout entier qui prononce, après avoir entendu la défense de l'opposant au sursis. M. de Cormenin dit que le conseil d'Etat agit prudemment en demandant son avis au ministre ou au préfet, ou bien même en l'engageant à n'accorder le sursis qu'autant qu'elle n'y voit pas le moindre inconvénient. Il ajoute : « Par ce moyen, l'administration est à même de mettre à l'abri l'intérêt de toutes les parties, et de n'accorder le sursis qu'autant qu'elle n'y voit pas le moindre inconvénient. » Il semble cependant que cette mesure n'est pas générale, comme le dit M. de Cormenin, et n'est applicable qu'au cas où la décision attaquée donne gain de cause à l'administration.

Les exceptions au principe : « L'appel n'est point suspensif, » sont très restreites. C'est à peine si l'on en rencontre une en matière forestière et une matière électorale.

Vu par le Président de la Thèse,

CHAUVEAU ADOLPHE.

Toulouse, Imprimerie de Lagarrigue, Allée Lafayette, 5.

www.ingramcontent.com/pod-product-compliance
Lightning Source LLC
Chambersburg PA
CBHW060613050426
42451CB00012B/2230